CB136211

# plurall

Parabéns!
Agora você faz parte do **Plurall**, a plataforma digital do seu livro didático! Acesse e conheça todos os recursos e funcionalidades disponíveis para as suas aulas digitais.

Baixe o aplicativo do **Plurall** para Android e IOS ou acesse **www.plurall.net** e cadastre-se utilizando o seu código de acesso exclusivo:

AASET9DPF

Este é o seu código de acesso Plurall. Cadastre-se e ative-o para ter acesso aos conteúdos relacionados a esta obra.

@plurallnet
@plurallnetoficial

SOMOS EDUCAÇÃO

LUIZ ROBERTO DANTE
IRACI MÜLLER

# EDUCAÇÃO FINANCEIRA PARA CRIANÇAS

5

editora ática
São Paulo - 2021

editora ática

**Presidência:** Mario Ghio Júnior

**Vice-presidência de educação digital:** Camila Montero Vaz Cardoso

**Direção editorial:** Lidiane Vivaldini Olo

**Gerência de conteúdo e design educacional – Soluções completas:** Viviane Carpegiani

**Coordenação de núcleo e edição:** Marcela Maris

**Planejamento e controle de produção:** Flávio Matuguma (ger.), Juliana Batista (coord.), Jayne Ruas (analista)

**Revisão:** Letícia Pieroni (coord.), Aline Cristina Vieira, Anna Clara Razvickas, Brenda T. M. Morais, Carla Bertinato, Daniela Lima, Danielle Modesto, Diego Carbone, Kátia S. Lopes Godoi, Lilian M. Kumai, Malvina Tomáz, Marília H. Lima, Paula Rubia Baltazar, Paula Teixeira, Raquel A. Taveira, Ricardo Miyake, Shirley Figueiredo Ayres, Tayra Alfonso e Thaise Rodrigues

**Arte:** Fernanda Costa da Silva (ger.), Catherine Saori Ishihara (coord.), Claudemir C. Barbosa (edição de arte)

**Diagramação:** R2 Editorial

**Iconografia e tratamento de imagem:** Roberta Bento (ger.), Claudia Bertolazzi (coord.), Lucas Maia Campos (pesquisa iconográfica) e Fernanda Crevin (tratamento de imagens)

**Licenciamento de conteúdos de terceiros:** Roberta Bento (ger.), Jenis Oh (coord.), Liliane Rodrigues, Raísa Maris Reina e Sueli Ferreira (analistas de licenciamento)

**Ilustrações:** Giz de Cera Studio e Fabiana Salomão

**Cartografia:** Eric Fuzii (coord.) e Robson Rosendo da Rocha

**Design:** Erik Taketa (coord.), Thatiana Kalaes (Miolo e capa), Gustavo Vanini (adap.)

**Foto de capa:** Inside Creative House/Shutterstock


Avenida Paulista, 901, 6º andar – Bela Vista
São Paulo – SP – CEP 01310-200
http://www.somoseducacao.com.br

**Dados Internacionais de Catalogação na Publicação (CIP)**

Dante, Luiz Roberto
Educação financeira para crianças 5 / Luiz Roberto Dante, Iraci Müller. -- 2. ed. -- São Paulo : Ática, 2021.

ISBN 978-85-0819-625-8 (livro do aluno)
ISBN 978-85-0819-626-5 (livro do professor)

1. Educação financeira 2. Crianças - Finanças pessoais I. Título II. Müller, Iraci

20-2194 CDD 332.024

Angélica Ilacqua – Bibliotecária – CRB-8/7057

**2022**

1ª edição
4ª impressão
De acordo com a BNCC.

**Impressão e acabamento Gráfica Elyon**

Uma publicação SOMOS EDUCAÇÃO

# APRESENTAÇÃO

Como surgiu o dinheiro? Qual é o valor das coisas? Será que podemos ter tudo o que queremos?

Este livro foi escrito para mostrar que desde pequenos podemos e devemos ser responsáveis e cuidar de nossas coisas, de nosso material escolar, de nossas roupas, da natureza, evitando desperdícios em casa e em todos os lugares por onde passamos.

Acompanhe os personagens Joca, Sofia, Luca, Nina, Ana e Pedro em suas aventuras, descobertas e eventos. Leia com atenção as orientações dos professores Flora e Carlos, aprenda a distinguir o que é necessário e o que é supérfluo e ajude as crianças a resolver as atividades para que elas, e você também, construam conhecimento e cumpram o papel de cidadão.

Esperamos que você goste da história e aproveite bastante esta experiência.

Boas descobertas!

**Um grande abraço do Dante e da Iracı.**

# SUMÁRIO

# INTRODUÇÃO

Está preparado para acompanhar a final do Torneio Nacional de Educação Financeira? Desse torneio participaram os 5$^{os}$ anos de algumas escolas do país, e agora são cinco as escolas finalistas, uma de cada região geográfica brasileira

A escola de Joca, Sofia, Luca, Nina, Ana e Pedro também está na grande final, representando a região Nordeste. Cada finalista terá de produzir um vídeo com um destes assuntos de Educação Financeira: a história e o uso do dinheiro no Brasil; o controle das finanças e o investimento em poupança; negociação; cooperativismo; sustentabilidade em ação. As escolas sortearam o tema dos vídeos e um aluno para representar a escola. O aluno sorteado poderia contar com a ajuda de um adulto a sua escolha.

A exibição dos vídeos será feita em *tablets* disponíveis para os participantes. A apresentação de cada um deles e a realização dos últimos desafios acontecerão em cinco episódios de um programa de TV, com transmissão ao vivo para todo o país.

No palco do programa de TV ficará um representante de cada escola finalista. Fiscais do programa estarão em cada uma dessas escolas, verificando o cumprimento das tarefas propostas pelo apresentador. Você também terá uma participação importante, realizando as atividades com muita atenção.

O torneio já vai começar!

# 1º CAPÍTULO – HISTÓRIA E USO DO DINHEIRO NO BRASIL

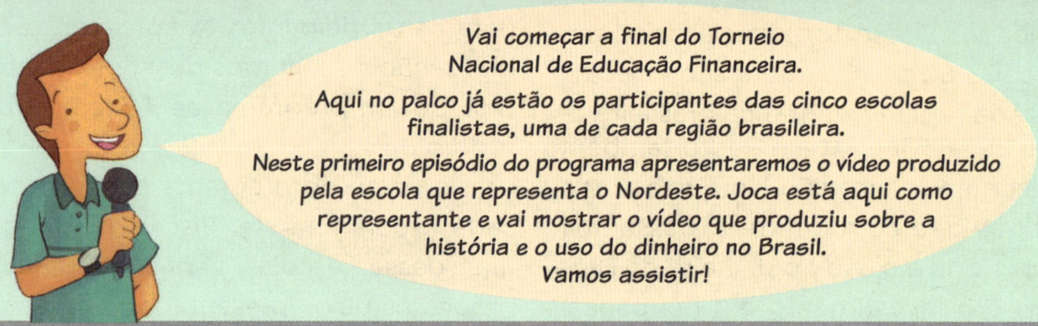


Quando Pedro Álvares Cabral e sua esquadra chegaram à atual cidade de Porto Seguro, na Bahia, em 22 de abril de 1500, encontraram indígenas que ainda não conheciam dinheiro e com eles trocaram objetos. Desde essa época, a troca de mercadorias (escambo) foi uma ação muito comum, estendendo-se por todo o período do Brasil colônia (1500-1822). Assim como ocorria em outras partes do mundo, alguns objetos eram mais procurados e passaram a funcionar como moeda. Eram as chamadas **moedas-mercadoria**.

O **pau-brasil**, por exemplo, foi nossa primeira moeda-mercadoria. Os indígenas o extraíam da natureza e o entregavam aos portugueses em troca de pequenos objetos, como miçangas, espelhos, facas, etc. Outras moedas-mercadoria que circularam pelo Brasil nessa época foram o **zimbo** (tipo de concha usada entre os escravizados trazidos da África) e o **açúcar**.

Wagner Santos de Almeida/Shutterstock

pau-brasil

Dario Lo Presti/Shutterstock

zimbo

Ermak Oksana/Shutterstock

açúcar

Os portugueses logo trouxeram para o Brasil a moeda oficial de Portugal, o **real** (cujo plural popular era **réis**). Com a união das coroas de Portugal e Espanha, em 1580, moedas espanholas também começaram a circular aqui. Porém, a primeira moeda cunhada em terras brasileiras foi o **florim**, fabricado em ouro pelos holandeses que ocuparam o Nordeste brasileiro (1630-1654). Ela trazia gravado o nome do Brasil.

Reprodução/Casa da Moeda do Brasil/Ministério da Fazenda

florim (1645)

Em 1695, a Casa da Moeda da Bahia, a primeira do Brasil, começou a **fabricar moedas** de réis. A princípio, com ouro e prata vindos de Portugal; mais tarde, com ouro, prata e outros materiais extraídos das terras brasileiras. Ao longo dos anos que se seguiram, foram produzidas várias moedas com diferentes valores em réis e até mesmo moedas com nomes específicos.

vintém (1695)
20 réis

pataca (1695)
320 réis

tostão (1918)
100 réis

Reprodução/Casa da Moeda do Brasil/Ministério da Fazenda

No início do século XIX, houve queda na produção de ouro no Brasil. Com a escassez do metal precioso, o aumento do comércio e os altos gastos do governo com a instalação da família real portuguesa no Rio de Janeiro (1808), a quantidade de moedas em circulação tornou-se insuficiente. Havia a necessidade de emissão de papel-moeda. Assim, em 1808 foi criado o Banco do Brasil, o primeiro do nosso país, e em 1810 foram lançados os primeiros **bilhetes** do Banco, considerados precursores das cédulas atuais.

Reprodução/Banco do Brasil

bilhete do Banco do Brasil (1810)

Em 1833, durante o Brasil Império (1822-1889), ocorreu a primeira mudança de unidade monetária: o real foi substituído pela unidade monetária **mil-réis**. Em 1942, já no Brasil República, ocorreu uma nova substituição, com a criação do **cruzeiro** (1 cruzeiro equivalia a mil-réis).

Desde então, nosso dinheiro recebeu várias denominações, e hoje nossa unidade monetária é o **real**.

mil-réis (1833)
cruzeiro (1942)
cruzeiro novo (1967)
cruzeiro (1970)
cruzado (1986)
cruzado novo (1989)
cruzeiro (1990)
cruzeiro real (1993)
real (1994)

Reprodução/Casa da Moeda do Brasil/Ministério da Fazenda

Fonte de pesquisa: https://www.bcb.gov.br/Pre/PEF/PORT/publicacoes_DinheironoBrasil.pdf (acesso em: 24 maio 2021).

O apresentador do programa toma a palavra para propor algumas atividades que devem ser resolvidas nas escolas e por vocês.

## Atividade 1 — Escambo

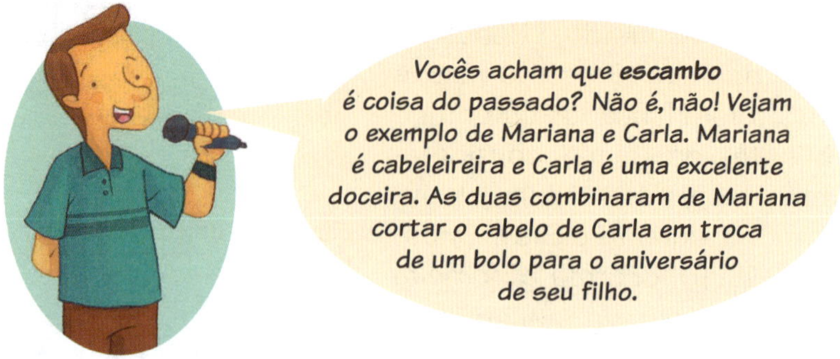


> Forme dupla com um colega e, juntos, escrevam uma vantagem e uma desvantagem do uso do escambo (troca de produtos ou serviços).

______________________________

______________________________

## Atividade 2 — Expressões com dinheiro

**Você sabia que muitas expressões que usamos hoje em dia se originaram do nome de moedas antigas? Vamos conhecer algumas.**

> Pesquise na internet o significado das palavras destacadas a seguir. Registre e compare com o que os colegas encontraram. Com o auxílio do professor, interprete o contexto das expressões.

**a.** Estou sem um **tostão** no bolso!

______________________________

______________________________

**b.** Nossa! Aquela loja tem um atendimento de **meia-pataca**.

______________________________

______________________________

# Atividade 3 — Patacão, pataca e outras moedas

Observe algumas moedas antigas do Brasil.

pataca
320 réis

vintém
20 réis

dobrão
20 000 réis

patacão
960 réis

Reprodução/Casa da Moeda do Brasil/Ministério da Fazenda

1 Responda aos itens a seguir.

**a.** A quantos réis correspondem 2 patacões, 3 patacas e 6 vinténs? ______

**b.** Quantos vinténs seriam necessários para formar um dobrão? ______

2 Você é bom de adivinhação? Leia os textos e faça o que se pede.

**a.** Quatrocentos guardanapos
com um vintém em cada ponta
você diz que sabe tudo
venha somar esta conta.

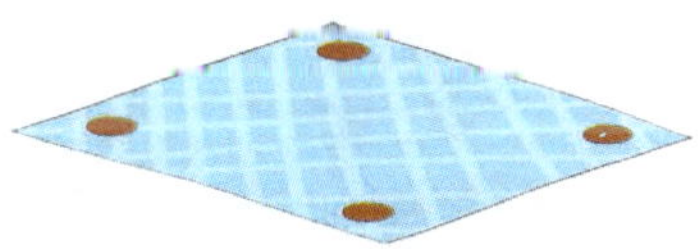

Quadrinha popular.

Quantos vinténs havia no total? ______

Quantos réis havia no total? ______

**b.** Pedro tinha 1 patacão,
ele recebeu meio patacão.
Com quantos réis Pedro ficou?

Qual é o valor de 1 patacão em réis? ______

Qual é o valor de meio patacão? ______

Com quantos réis Pedro ficou? ______

Atualmente, no Brasil, usamos cédulas (ou notas) e moedas do real.

Elas são utilizadas para comprar alimentos, brinquedos, material escolar; para pagar contas de água, de energia elétrica, de moradia; para o lazer; e muitas outras coisas.

Raphael Ribeiro/BCB

Reprodução/Casa da Moeda do Brasil/Ministério da Fazenda

## Atividade 4 — Quantias equivalentes: possibilidades

**Angelina e o pai dela viajarão para Olinda, em Pernambuco. Uma passagem de ida e volta custa R$ 649,50. Ele pagou a passagem dele com cartão de débito. A de Angelina foi paga com seis notas de R$ 100,00, duas notas de R$ 20,00, uma nota de R$ 5,00, duas notas de R$ 2,00 e uma moeda de 50 centavos.**

> Forme dupla com um colega e, juntos, encontrem outra possibilidade de obter R$ 649,50 usando notas e moedas. Escrevam no caderno.

Leo Caldas/Pulsar Imagens

Dançarinos de frevo em Olinda, Pernambuco. Fotografia de 2018.

# Atividade 5 — Gastos com energia elétrica

**Durante o torneio, os participantes presentes no palco tiveram que resolver a primeira atividade, e os alunos da escola, a segunda atividade. Vamos ajudá-los?**

**1** Observe, ao lado, parte de uma conta de energia elétrica e complete o que se pede nos itens a seguir.

**a.** Valor da conta a ser pago: ______________________.

**b.** Consumo de energia elétrica: ______________________ kWh.

**c.** Data de vencimento: ______________________.

**d.** Data da próxima leitura do relógio: ______________________.

**CEE - Companhia de Energia Elétrica**

**Cálculo de consumo**

| ANTERIOR | | ATUAL | | | |
|---|---|---|---|---|---|
| DATA | LEITURA | DATA | LEITURA | Consumo | Dias |
| 06/09 | 17775 | 06/10 | 17998 | 223 kWh | 31 |

**PRÓXIMA LEITURA**

**DATA:** 04/11

**DESCRIÇÃO DO FATURAMENTO**

| | Valor (R$) |
|---|---|
| **FORNECIMENTO DE ENERGIA** | 97,24 |
| 223 x 0,43605381 | |
| **IMPOSTOS E ENCARGOS** | 65,70 |

| Vencimento | TOTAL A PAGAR |
|---|---|
| 19/10/2021 | R$ 162,94 |

Conta elaborada para fins didáticos.

**2** Vamos fazer **estatísticas de gastos**? Traga para a sala de aula as três últimas contas de energia elétrica de sua casa e faça o que se pede nos itens a seguir.

**a.** Preencha a tabela abaixo com os dados das contas.

| Três últimas contas de energia elétrica de minha residência | | |
|---|---|---|
| Consumo em quilowatts-hora (kWh) | Valor a pagar em reais (R$) | Mês e ano |
| | | |
| | | |
| | | |

Dados obtidos pelo aluno.

**b.** Em papel quadriculado, construa um gráfico de barras para o período considerado nessa tabela. Em um eixo, indique o consumo (em kWh); no outro eixo, indique o mês e o ano. ______________________

**c.** Some os três valores em quilowatts-hora e divida o total por três para encontrar a média de consumo de energia elétrica nesses três meses. Se necessário, use calculadora e registre aqui o valor: ______________________ kWh.

# Atividade 6 — O que é caro e o que é barato

O apresentador mostra no telão uma importante manchete de jornal e, em seguida, explica um pouco as ideias de **caro** e **barato**.

**Estiagem prolongada contribui para alta dos preços dos alimentos na região Nordeste.**

Irina Sokolovskaya/Shutterstock

**a.** Pesquise o que é estiagem.

**b.** Forme uma equipe com mais dois colegas. Escolham três produtos e pesquisem os preços deles em três locais diferentes (por exemplo, na internet, em uma loja do seu bairro e em uma loja no *shopping center*), preenchendo o quadro abaixo.

**c.** Em seguida, conversem sobre as possíveis razões de esses produtos estarem mais baratos em um lugar do que em outro.

**d.** Conversem também sobre gastos extras necessários para efetuar a compra em cada um desses locais, como frete, passagem de transporte público, combustível de automóvel, estacionamento, etc.

**e.** Depois disso, verifiquem se o que era mais barato em um local ainda continua sendo, considerando esses outros gastos.

**Preço de produtos em diferentes locais**

| Produtos / Locais | 1: | 2: | 3: |
|---|---|---|---|
| 1: | | | |
| 2: | | | |
| 3. | | | |

Dados obtidos pelos alunos.

## PARA REFLETIR – A CARTEIRA PERDIDA

Leia a história a seguir.

Vânia caminhava pela rua quando percebeu que havia um objeto na calçada. Era uma carteira, com dinheiro, cartões e talão de cheques. Preocupada com o dono do objeto, Vânia foi até a agência bancária indicada nos cartões e no talão de cheques e pediu a um funcionário informações sobre o dono daqueles documentos.

O funcionário, porém, disse que não podia dar nenhuma informação. Vânia ficou muito apreensiva, pois não sabia o que fazer para devolver a carteira ao dono.

Converse com o professor e os colegas sobre estas questões:

- O que Vânia pode fazer? E o que ela não deve fazer?
- O funcionário do banco agiu de maneira correta? O que ele poderia ter feito para ajudar Vânia?

## O QUE ESTUDAMOS

Responda no caderno:

- Você já participou de alguma competição entre escolas? Como foi?
- Você já tinha ouvido falar nas moedas pataca, vintém, dobrão e patacão?
- Você já encontrou algum objeto que não sabia de quem era? Se sim, o que você fez? Se não, o que você faria nessa situação?

# 2º CAPÍTULO – O CONTROLE DAS FINANÇAS

Agora exibiremos o vídeo produzido pela escola da região Sudeste, que tem a Duda como aluna representante. O vídeo apresenta entrevistas que a Duda fez com funcionários de um banco, com a ajuda do pai dela.

Como meu pai trabalha em banco, ele participou da entrevista e me ajudou a entrevistar outros especialistas em controle das finanças.

## Planejamento financeiro – Assumindo o controle

Olá, pessoal! Meu pai, Roberto, vai falar um pouco sobre a importância de fazer um planejamento financeiro.

Olá a todos! O objetivo principal de fazer um planejamento financeiro é conseguir manter uma vida financeira saudável e desenvolver responsabilidade no tratamento do dinheiro e das contas. Quando isso é feito, podemos pensar no futuro e fazer planos para ele.

E como conseguimos fazer esse planejamento?

Precisamos conhecer todos os detalhes dos nossos gastos e da nossa vida financeira, nos organizar para fazer com que tudo funcione alinhado ao nosso objetivo. Em relação ao futuro, temos de nos esforçar para guardar dinheiro, ou seja, poupar.

E quais são esses detalhes de gastos que precisamos conhecer?

Basicamente são: quanto ganhamos (**renda**), quanto gastamos (**despesas**), quanto sobra (**saldo**) e quanto pode ser guardado (**poupança**). Ou seja: dinheiro que entra, dinheiro que sai e dinheiro que sobra e fica. Não podemos gastar mais do que ganhamos, senão nossa vida financeira, em vez de saudável, fica doente, o que nos leva a ter dificuldade de conseguir guardar para o futuro.

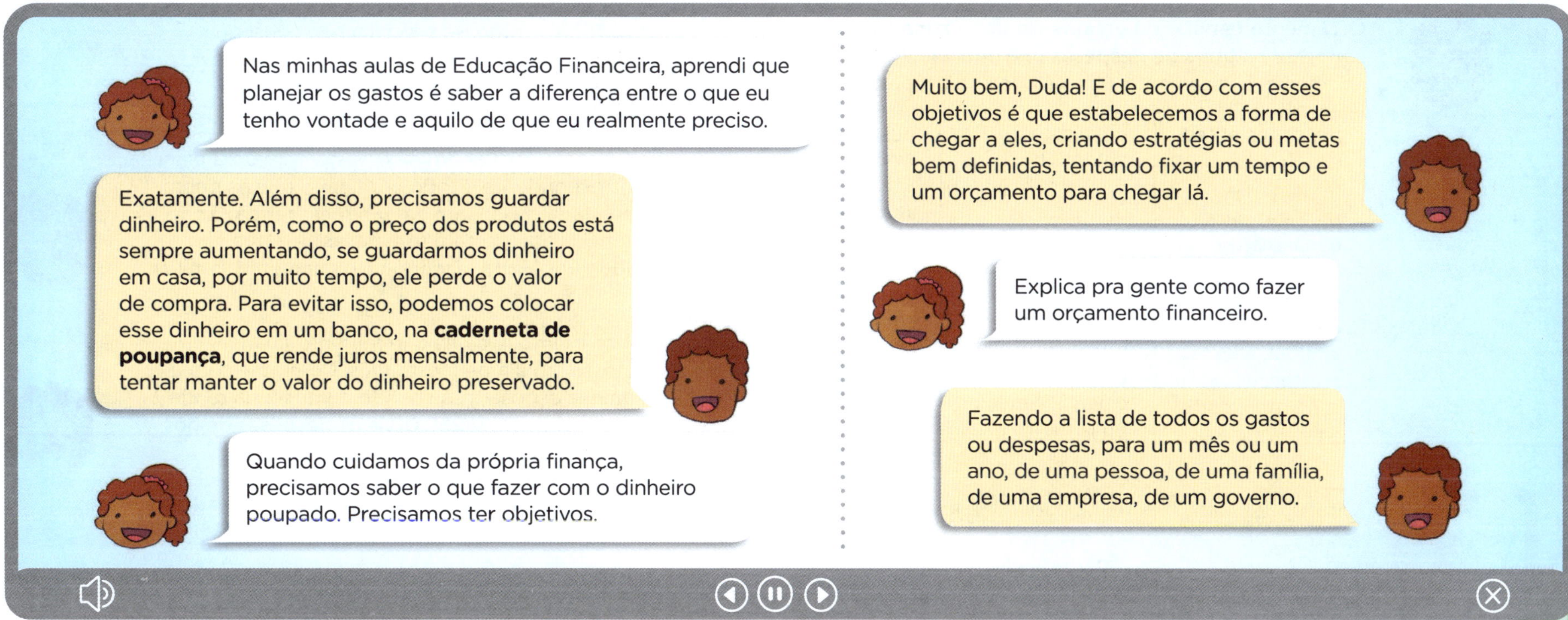


O vídeo é interrompido por um momento para a realização das atividades.

## Atividade 1 — Orçamento pessoal

**Betina ganha 50 reais de mesada do pai e 50 reais da avó. No mês passado, para o aniversário de sua prima Duda, Betina gastou 10 reais em um colar, 10 reais em um par de brincos e 20 reais em um batom de presente. Ela gastou também 20 reais em doces e 10 reais em uma revista. O restante ela guardou em um cofrinho.**

> Qual foi o total da renda, o total das despesas, o saldo final e o valor poupado por Betina no mês passado?

______________________________________________

______________________________________________

**Orçamento familiar** ou **orçamento doméstico** consiste em conhecer os **tipos de despesas** que uma família tem. Ele é composto, basicamente, de três tipos de despesas:

**DESPESAS FIXAS:** São as obrigatórias, previstas para o mês, como contas de energia elétrica, água, telefone e internet, aluguel, prestação do carro, transporte e alimentação.

**DESPESAS VARIÁVEIS:** São as não obrigatórias, que não ocorrem todos os meses, como compra de roupa, ingressos para *shows* e cinema, almoço ou jantar fora.

**DESPESAS EVENTUAIS:** São as imprevisíveis, como conserto do carro ou do chuveiro, consulta médica de urgência e compra de remédios.

Então, se a família não conseguir pagar todas as despesas, ela deve diminuir as **despesas variáveis**.

Isso mesmo. E quando você passa para uma planilha o correspondente a todo o dinheiro que as pessoas da sua família ganham em um mês (**renda**), todo o dinheiro que gastam (**despesas**) e o que sobra (**saldo**), você está fazendo um **orçamento familiar**.

Por exemplo, eu fiz o orçamento financeiro de nossa família para este mês. Comigo e com a minha esposa trabalhando, temos uma renda mensal de R$ 4 250,00, e as despesas de nós três juntos somam R$ 3 800,00.

## Atividade 2 — Orçamento da família de Duda

**A atividade a seguir foi realizada pelos alunos das escolas.**

> Observe o quadro com as despesas mensais da família de Duda e responda:

| Tipos de despesa | R$ | Descrição |
|---|---|---|
| Habitação | 1500,00 | Aluguel, energia, telefone, internet, TV a cabo |
| Alimentação | 900,00 | Mercado, feira |
| Educação | 300,00 | Idioma |
| Transporte | 500,00 | Ônibus, gasolina, seguro, manutenção |
| Saúde | 400,00 | Plano de saúde, medicamentos |
| Extras | 200,00 | Lazer, restaurante |
| **TOTAL** | **3800,00** | |

**a.** Quanto sobra (**saldo**) para a família aplicar na poupança?

______________________________

**b.** Qual é o maior valor: o das despesas extras ou o do saldo para investir?

______________________________

**c.** Com ajuda do professor, faça uma simulação do orçamento familiar no caderno ou em uma planilha eletrônica.

______________________________

# Investimentos

Agora vamos conversar com o senhor Wilson, que vai nos falar sobre a poupança.

No Brasil, a poupança é um tipo de investimento muito comum, pois a aplicação é simples de fazer, não há taxas administrativas e a pessoa pode sacar o dinheiro quando precisar. A poupança oferece um rendimento que varia de acordo com alguns índices e taxas do governo federal. Em fevereiro de 2021, por exemplo, a taxa de juros da poupança foi de 1,4% ao ano, ou seja, durante um ano com essa taxa, o dinheiro aplicado renderá 1,4%.

Há outros tipo de investimentos disponíveis, como CDB, CDI, previdência privada, Tesouro direto, entre outros. Antes de investir, é preciso analisar qual deles atende melhor às suas necessidades, verificando a taxa de juros, se terá de sacar o dinheiro em pouco tempo, se é um investimento de alto risco, etc.

# Empréstimos e juros

No próximo trecho do vídeo, Duda conversa com Elisa, que trabalha no banco cuidando de empréstimos.

Olá, Elisa! Você poderia explicar um pouco como funcionam empréstimos e juros?

Claro! Quando uma pessoa precisa de dinheiro e pede empréstimo ao banco, por tempo determinado, ela paga o valor que pegou emprestado com correção. Essa quantia que é paga a mais ao banco chama-se **juros**.

Considere um empréstimo de R$ 5 000,00, por um mês, com juros de 4% ao mês. No final desse tempo, o valor a ser pago será de R$ 5 200,00, que você calcula assim: 4% de 5 000 = 200; 5 000 + 200 = 5 200.

# Atividade 3 — Juros na poupança

**Com 10 anos de idade, Vicente contou para os pais que gostaria de ter um computador novo quando fosse mais velho. Para ajudar a realizar esse sonho, eles juntaram os R$ 500,00 que Vicente ganhou no aniversário e os R$ 300,00 de seu cofrinho, levaram a um banco e abriram uma poupança para o filho. Durante um ano o dinheiro ficou no banco, rendendo juros de, aproximadamente, 7%.**

**Veja como ficou o rendimento do dinheiro de Vicente após um ano.**

**Como calcular**

Valor da aplicação: R$ 800,00 (500 + 300 = 800)

No primeiro ano foram aplicados 800 reais e o rendimento foi de 7% de 800 reais, então o valor obtido nesse período foi de: $800 + 7\%$ de $800 = 800 + \frac{7}{100} \cdot 800 = 800 + 56 = 856$.

> Agora, calcule quanto Vicente terá ao final do segundo ano, se mantiver esse dinheiro aplicado e se no segundo ano a taxa de juros for de 8% ao ano.

# Atividade 4 — Extrato de poupança

**Para saber em detalhes os movimentos de uma conta poupança, devemos consultar regularmente o extrato bancário. Nele constam, em ordem cronológica, principalmente depósitos, juros e saques, ou seja, tudo o que entrou na conta (depósitos e juros) e tudo o que saiu da conta (saques).**

> Observe, ao lado, parte de um extrato bancário de uma conta poupança. Faça os cálculos e verifique se o saldo de 22/12 está correto.

**Movimento**

| Data | Histórico | Valor (R$) |
|---|---|---|
| 22/8 | Depósito | 500,00 |
| 22/9 | Juros | 3,70 |
| 22/9 | Saldo | 503,70 |
| 22/10 | Depósito | 1500,00 |
| 22/10 | Saldo | 2003,70 |
| 24/11 | Juros | 13,22 |
| 24/11 | Saldo | 2016,92 |
| 22/12 | Juros | 12,90 |
| 22/12 | Saque | – 200,00 |
| 22/12 | Saldo | 1829,82 |

Extrato elaborado para fins didáticos.

## Atividade 5 — Preços, descontos e investimento

> Leia a situação descrita ao lado e depois resolva as questões.

**a.** Quanto custou cada panela? ____________

**b.** Quanto é 20% do valor de cada panela? ____________

**c.** Um freguês pediu um **desconto**, ou seja, uma redução no preço, perguntando se podia pagar R$ 110,00 na compra de duas panelas.

Quanto seria o valor de duas panelas sem desconto? ____________

Com o desconto pedido, quanto sairia cada panela? ____________

Qual é o valor do desconto que o freguês está pedindo por panela? ____________

**d.** Ao fechar o orçamento mensal, verificou-se que a loja recebeu, nesse mês, R$ 10 000,00. O casal decidiu aplicar, na conta poupança, 10% desse valor. Quantos reais o casal aplicou na conta poupança? ____________

### O QUE ESTUDAMOS

Responda no caderno:

- Você teve dificuldade para resolver alguma atividade?
- Você já viu um extrato bancário? Se não, peça a um adulto que lhe mostre como os valores aparecem.
- Pergunte a um familiar se ele tem o hábito de investir dinheiro. Se sim, pergunte que tipo de investimento ele faz.
- Você conhece algum aplicativo que ajude a guardar dinheiro? Em caso negativo, pesquise algumas opções, com a ajuda do professor, e verifique se algum deles ajudaria você e sua família a poupar dinheiro.

# 3º CAPÍTULO – NEGOCIAÇÃO

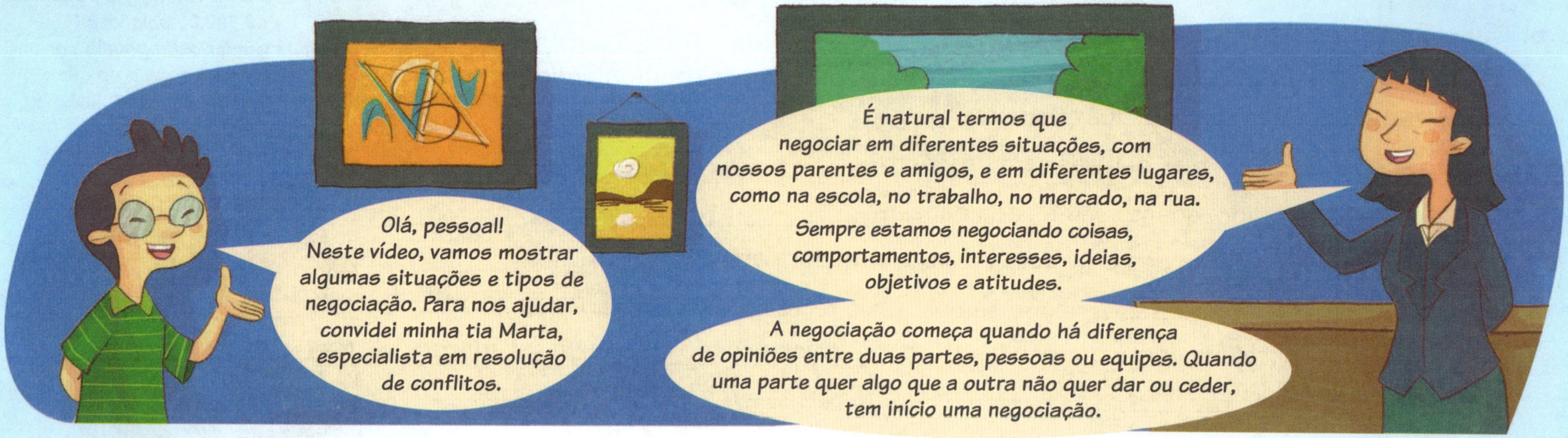

Luis Salvatore/Pulsar Imagens

Mini Mundo Parque Encantado, Gramado, Rio Grande do Sul.

Vamos ver alguns resultados nas negociações, acompanhando o exemplo do Mateus.

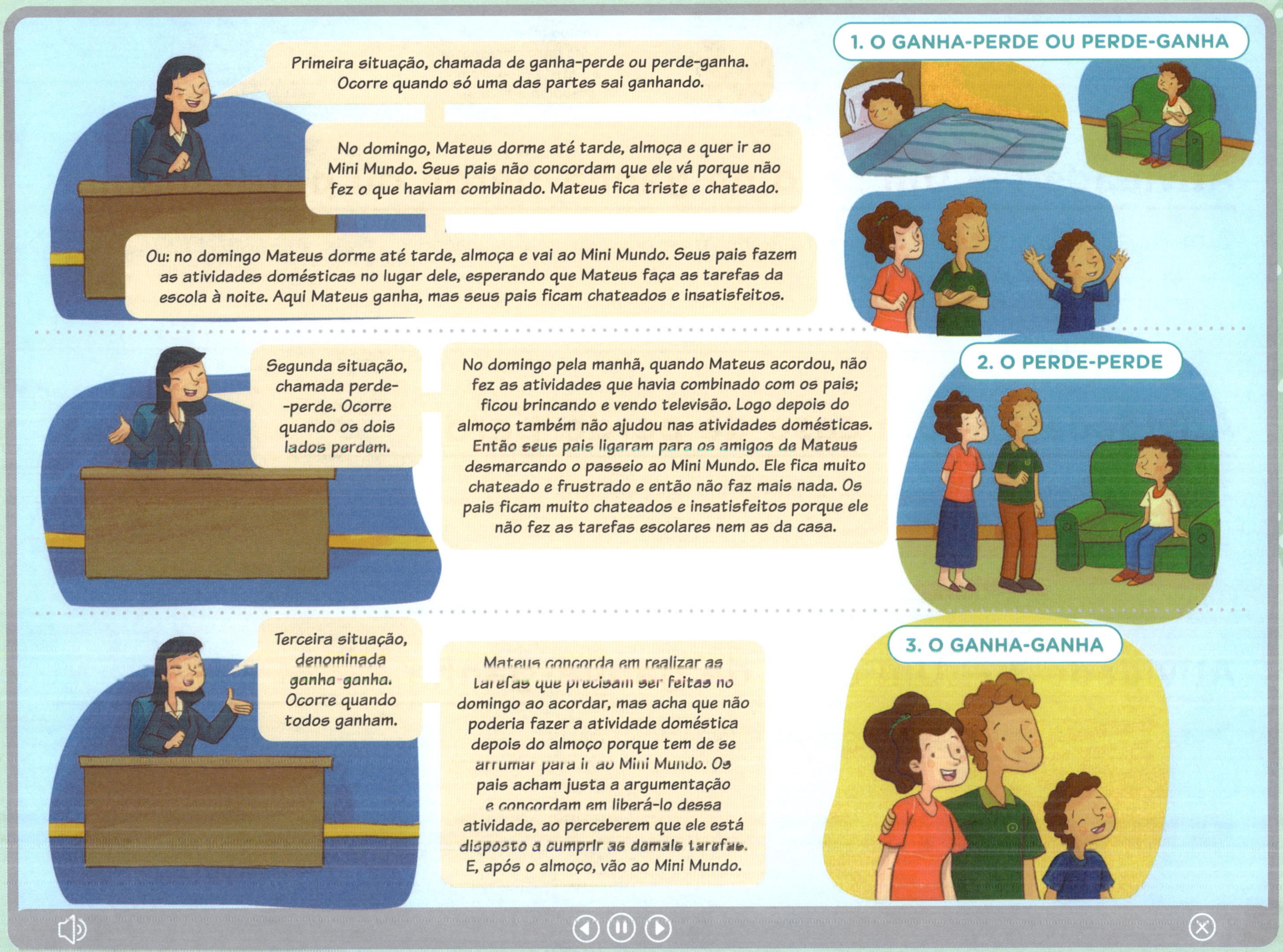

## Atividade 1 — Um caso de ganha-perde ou perde-ganha

> Descreva uma situação de negociação em que apenas um dos lados saiu ganhando.

## Atividade 2 — Um caso de perde-perde

> Descreva uma situação de negociação em que os dois lados perderam.

## Atividade 3 — Um caso de ganha-ganha

> Descreva uma situação de negociação em que todos saíram ganhando.

## Atividade 4 – Características do bom negociador

| | | | | | | | | | | | | | | | |
|---|---|---|---|---|---|---|---|---|---|---|---|---|---|---|---|
| O | A | Q | X | B | O | M | H | U | M | O | R | D | G | E | P |
| C | P | R | E | S | E | N | Ç | A | G | H | N | O | C | E | L |
| L | Ç | Á | T | F | S | É | W | W | A | Ç | S | K | G | Ê | A |
| A | P | O | S | T | U | R | A | N | A | R | D | I | V | L | N |
| R | R | L | A | G | E | P | U | M | A | T | I | T | U | D | E |
| E | H | S | S | I | M | P | A | T | O | T | A | E | B | O | J |
| Z | U | M | R | A | S | I | G | E | N | T | I | L | E | Z | A |
| A | Z | C | R | I | A | T | I | V | I | D | A | D | E | D | M |
| C | O | M | U | N | I | C | A | B | I | L | I | D | A | D | E |
| I | K | P | C | A | N | Ç | A | I | C | A | B | I | L | A | N |
| O | B | J | E | T | I | V | I | D | A | D | E | B | S | Ç | T |
| P | O | P | R | I | S | I | M | P | A | T | I | A | D | T | O |

> Responda: Quais dessas características encontradas no diagrama você tem?

# Atividade 5 — Jogo da negociação

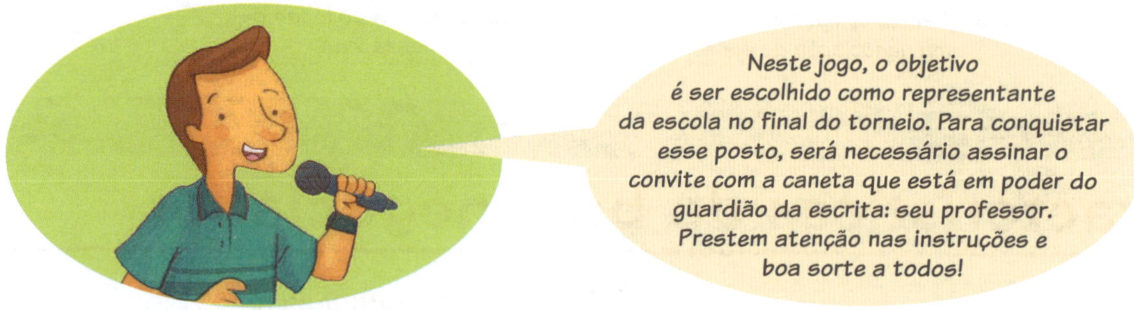

Número de participantes: grupos de 5 ou 6 alunos.

Material: 1 convite em forma de quebra-cabeça e 18 tustas (disponíveis na página 41, com contorno em azul), cartolina, cola e tesoura. Cada grupo deve providenciar também 1 sacola.

- Cada jogador destaca seu quebra-cabeça e os tustas da página 41.
- Em seguida, retira 3 peças do quebra-cabeça, colocando-as na sacola. Quando todos os participantes do grupo tiverem feito isso, cada um retira, sem olhar, 3 peças da sacola e coloca na sua frente uma ao lado da outra, viradas para baixo.
- O próximo passo é montar o quebra-cabeça, verificando se as peças tiradas da sacola se encaixam. Começa em seguida a negociação entre os colegas do grupo para procurar as peças faltantes. Cada jogador escolhe um colega com quem pode trocar peças e oferecer alguma quantidade de tusta. E também decide quantos tustas quer dar ou receber na troca de cada uma. Se a peça negociada servir, deve ser colocada imediatamente no quebra-cabeça.
- Quem terminar primeiro fala bem alto o próprio nome, pega a caneta com o professor e assina o convite. Esse aluno passa a ser o representante.

**Atenção:** Se dois ou mais participantes disserem o nome ao mesmo tempo, será declarado vencedor aquele que tiver a maior quantidade de tustas.

## PARA REFLETIR – A CASINHA DE BONECAS

Leia a história a seguir.

Aos 6 anos, Ester ganhou uma casinha de bonecas, toda mobiliada, feita pelo avô. A menina sempre cuidou muito bem do brinquedo, limpando as peças e guardando tudo depois de brincar. Já se passaram quatro anos, mas quem vê a casinha diz que ela está tão bonita como no dia em que o avô presenteou a neta.

Marina, uma amiga de Ester, viu a casinha e ficou encantada. O pai de Marina prometeu comprar uma, mas Marina disse que não encontraria outra igual, que queria que o pai comprasse a casinha de Ester. Porém, Ester não desejava se desfazer do presente do avô.

Converse com o professor e os colegas sobre estas questões:

- O que Marina poderia fazer? E o que ela não deveria fazer?
- Você acha que Ester deveria negociar com Marina?
- Quem poderia ajudar a resolver esse conflito?

## O QUE ESTUDAMOS

Responda no caderno:

- Você costuma realizar tarefas de casa, como limpar e arrumar o quarto ou recolher os brinquedos?
- Você já vivenciou uma situação de negociação?
- O que você já negociou? Com quem? Por exemplo: uma situação em que você queira um brinquedo ou um doce ou ir à casa de um amigo.

# 4º CAPÍTULO – COOPERATIVISMO COMO FORMA DE EMPREENDER

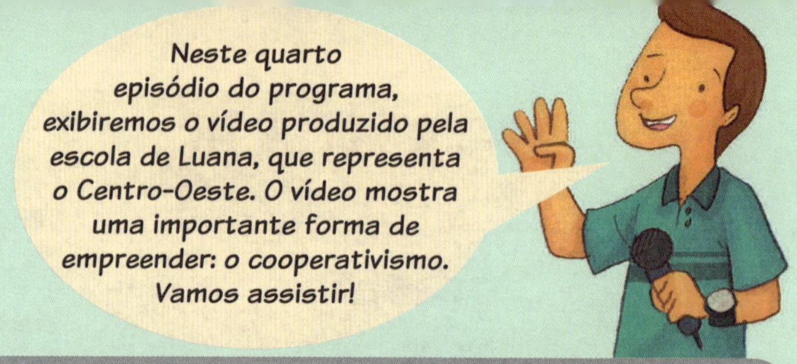

**COMO FUNCIONA UMA COOPERATIVA?**

**COLABORAÇÃO:** todos trabalham juntos pelo mesmo objetivo.

**DISTRIBUIÇÃO DO RENDIMENTO:** as riquezas são distribuídas entre todos os cooperados.

**DECISÕES COLETIVAS:** todos os cooperados participam das decisões.

Observe as pessoas trabalhando na cooperativa: os motoristas dos caminhões de coleta, os funcionários que trabalham na triagem (ou seja, na separação dos materiais), os diretores, os secretários, etc. **Todas** essas pessoas participam diretamente do **planejamento** e das **decisões**, visando ao benefício de todos os cooperados.

# Atividade 1 — Alguns tipos de cooperativa

Agora que terminamos de assistir ao vídeo, é hora das atividades! A primeira delas é para os alunos que estão nas escolas. Vamos conhecer alguns tipos de cooperativa?

### Cooperativas de trabalho

Especializadas em prestação de serviços variados. É o caso da cooperativa da Vera.

### Cooperativas de crédito

Criadas para prestar serviços financeiros (poupança, financiamento, empréstimos, etc.) de modo mais simples e vantajoso para seus cooperados.

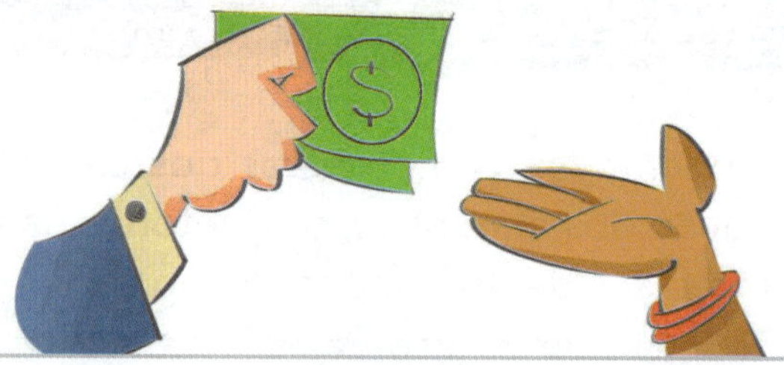

### Cooperativas de consumo

Destinadas a fornecer produtos a preços menores para seus cooperados.

### Cooperativas de produção

Dedicadas à produção de bens e produtos. Por exemplo, objetos feitos com material reciclado.

### Cooperativas agrícolas

Cooperativas de agropecuária e pesca. Os cooperados são proprietários das terras, do maquinário, dos animais, etc.

### Cooperativas de turismo e lazer

Prestam serviços de turismo, entretenimento, esportes, etc.

> Converse com os familiares e outros adultos e pergunte se eles são associados a alguma cooperativa. Se sim, verifique de que tipo. Procure saber também se há alguma cooperativa perto de onde você mora. Caso não encontre, pesquise na internet se há alguma em seu bairro, município ou estado. Conte para a turma o que descobriu.

# Atividade 2 — Decisões coletivas

**Todos os cooperados participam das decisões. Por isso, o diálogo é muito importante.**

**Para decidir algo, são feitas votações, nas quais cada cooperado tem direito a dar um voto.**

Que tal simularmos uma situação de decisão coletiva em uma cooperativa como a de Vera? Acompanhem a seguir.

Uma cooperativa está precisando melhorar a ventilação do galpão onde seus cooperados trabalham, pois todos estão reclamando do calor.

Foram apresentadas duas alternativas com o objetivo de conseguir dinheiro para reformas e compra de ventiladores:

| REALIZAR UM EMPRÉSTIMO NO BANCO. | X | UTILIZAR O DINHEIRO DA POUPANÇA, GUARDADO PARA A FESTA DE FINAL DE ANO. |
|---|---|---|

1 Forme uma equipe com mais três alunos. Juntos, discutam qual seria a melhor alternativa nesse caso. Para orientar a discussão, procurem analisar as seguintes questões, de acordo com o que vocês já estudaram:

a. Quais são as vantagens de cada alternativa?

b. Quais são as desvantagens de cada uma delas?

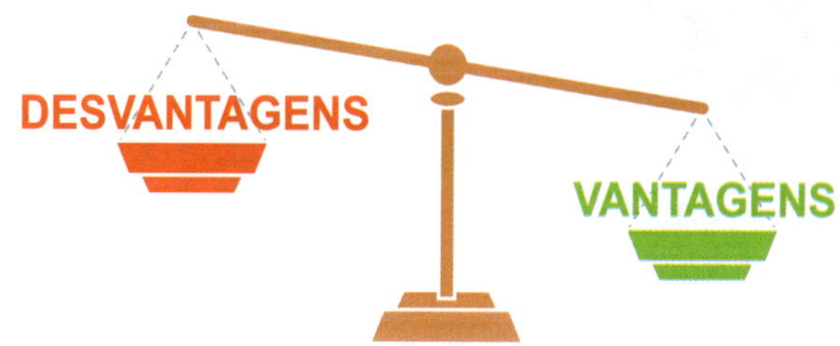


c. Qual das duas alternativas é a mais vantajosa?

2 Após a discussão, façam uma votação em sala de aula para escolher uma das alternativas. Registre aqui o que vocês decidiram.

________________________________________

________________________________________

# Atividade 3 — Controle financeiro

Vamos analisar um exemplo de livro-caixa de uma cooperativa como a de Vera, para o mês de agosto de 2021. De olho no telão!

| Livro-caixa | | | | |
|---|---|---|---|---|
| Mês: agosto de 2021 | | Saldo inicial: **R$ 1 000,00** | | |
| Data | Descrição | Entrada | Saída | Saldo |
| 3/8 | Compra de combustível para os veículos | – | R$ 549,00 | R$ 451,00 |
| 4/8 | Venda de 30 fardos de papel | R$ 756,00 | – | R$ 1207,00 |
| 4/8 | Pagamento de conta de energia elétrica | – | R$ 908,00 | R$ 299,00 |
| 6/8 | Venda de 50 fardos de plástico | R$ 1500,00 | – | R$ 1799,00 |
| TOTAL | | **R$ 2 256,00** | **R$ 1457,00** | |

Nesse momento, Luana reproduziu um trecho do vídeo no qual Vera explica o que é um livro-caixa.

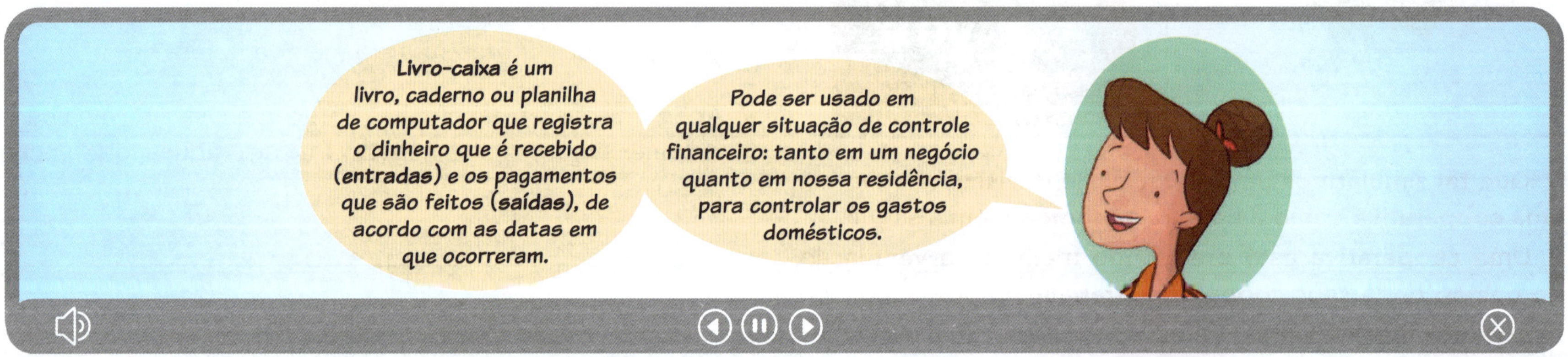

**Agora, vamos entender os cálculos. Para calcularmos o saldo final, podemos partir do saldo inicial e ir somando as entradas e subtraindo as saídas, uma de cada vez. Observe:**

- $1000 - 549 = 451$
- $451 + 756 = 1207$
- $1207 - 908 = 299$
- $299 + 1500 = 1799$

Nesse caso, o **saldo final** é de R$ 1799,00.

Podemos também usar uma expressão numérica:

**Saldo inicial** + **Total de entradas** − **Total de saídas** = **Saldo final**

Assim, temos: $1000 + 2256 - 1457 = 1799$.

> Agora é com você! Complete o livro-caixa abaixo. Se necessário, use uma calculadora.

| Livro-caixa | | | | |
|---|---|---|---|---|
| **Mês: setembro de 2016** | | **Saldo inicial: R$ 2 000,00** | | |
| **Data** | **Descrição** | **Entrada** | **Saída** | **Saldo** |
| 15/9 | Compra de materiais | — | R$ 589,00 | |
| 16/9 | Venda de produtos | R$ 947,00 | — | |
| 18/9 | Pagamento de conta de água | — | R$ 603,00 | |
| 18/9 | Venda de produtos | R$ 2 319,00 | — | |
| **TOTAL** | | | | |

## O QUE ESTUDAMOS

Responda no caderno:

- Você e os colegas dividiram as tarefas nas atividades em grupo?
- Você conhece alguma cooperativa?
- Por que é importante uma empresa ou cooperativa fazer o controle financeiro registrando as entradas, as saídas e os saldos?

# 5º CAPÍTULO – SUSTENTABILIDADE EM AÇÃO

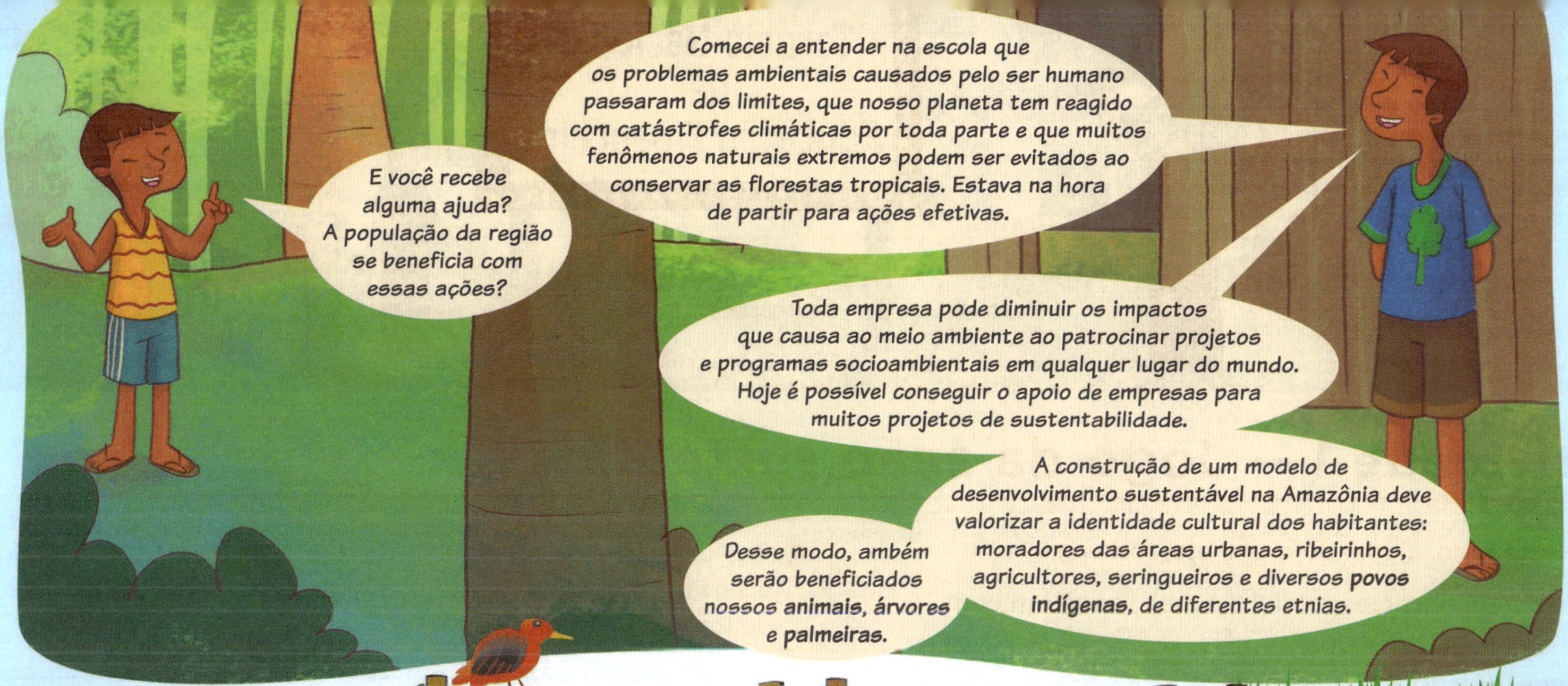


**POVOS INDÍGENAS MAIS POPULOSOS**

Apinajé, Apurinã, Baniua, Baré, Caiapó, Caxinauá, Craô, Dessano, Yanomami, Macuxi, Marubo, Munduruku, Mura, Nambiquara, Sateré-Maué, Tariana, Ticuna, Tirió, Tucano, Waiwai, Wapixana, Xerente.

**ANIMAIS**

anta, arara, bicho-preguiça, boto, jabuti, jacaré, jiboia, onça, peixe-boi, pirarucu, sucuri, tamanduá-bandeira, tartaruga, uirapuru.

**ÁRVORES**

castanheira, cedro, copaíba, cumaru, freijó, jatobá, jenipapo, mogno, seringueira, urucum.

**PALMEIRAS**

açaí, babaçu, bacaba, buriti, inajá, murumuru, patauá, piaçava, pupunha, tucum ou tucumã.

# Atividade 1 — Jogo da ação sustentável

**Neste jogo, ajudando o planeta, todos ganham.**

Número de participantes: 2 ou mais, cada um com seu livro.

Material: 1 dado, o tabuleiro da página seguinte, peças destacadas da página 41.

Os jogadores decidem quem começa. Em seguida, todos devem ler novamente o quadro da página 33 (uma única vez), pois ele será importante para este jogo. Depois, cada um, na sua vez, lança o dado e faz o seguinte:

> Se tirar número **par**, pega 1 saco de lixo, coloca no Depósito do tabuleiro e passa a vez.

> Se tirar número **ímpar**, cumpre uma tarefa de cada item numerado a seguir. Se souber responder, salva 1 espécie daquele item e coloca 1 peça no tabuleiro. Ou pega 1 saco de lixo para cada item que não souber responder, coloca no depósito e passa a vez.

1. Cite uma árvore ou palmeira da região Norte para replantar e salvá-la da extinção. (Colocar a peça no tabuleiro, na área de Reflorestamento.)
2. Cite um animal da região amazônica e liberte-o na natureza, salvando-o da extinção. (Colocar a peça no tabuleiro, nos locais apropriados, na mata ou no rio, de acordo com o animal.)

**Observações:**

a. Quando tiver 2 sacos de lixo no depósito, o jogador pode levá-los para a reciclagem, recebendo 1 poste de energia solar para doar à cidade. (As peças dos postes devem ser colocadas, no tabuleiro, em volta da cidade.)

b. A cada 3 postes de energia solar que colocar no tabuleiro, o jogador recebe o direito de olhar a lista de animais, árvores e palmeiras da página 33.

Os jogadores continuam lançando o dado até colocarem no tabuleiro a última peça de plantas ou animais. O primeiro que conseguir será o vencedor.

Todas as imagens de ocas: Tiago Queiróz/Estadão Conteúdo

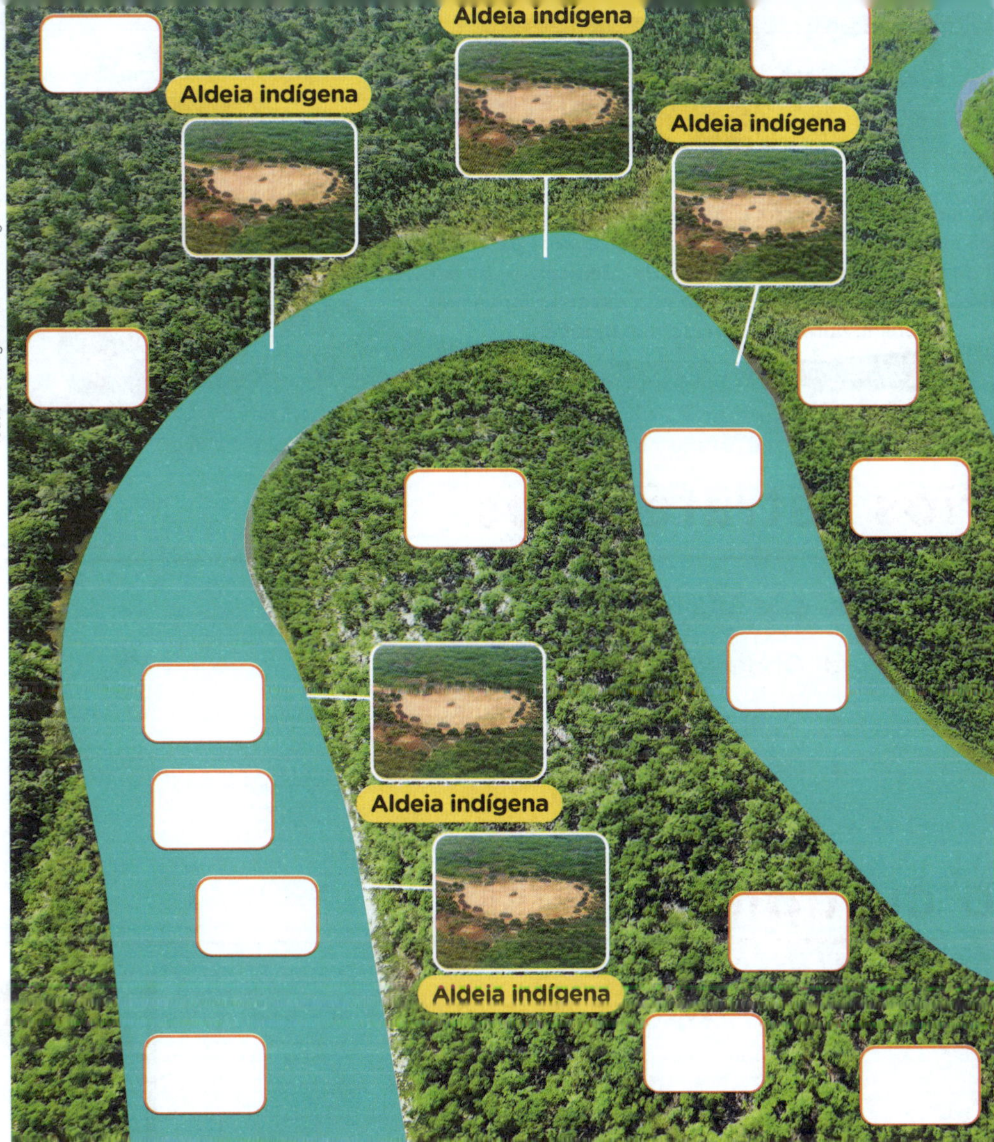


**DEPÓSITO DE LIXO**

**PROGRAMA DE REFLORESTAMENTO**

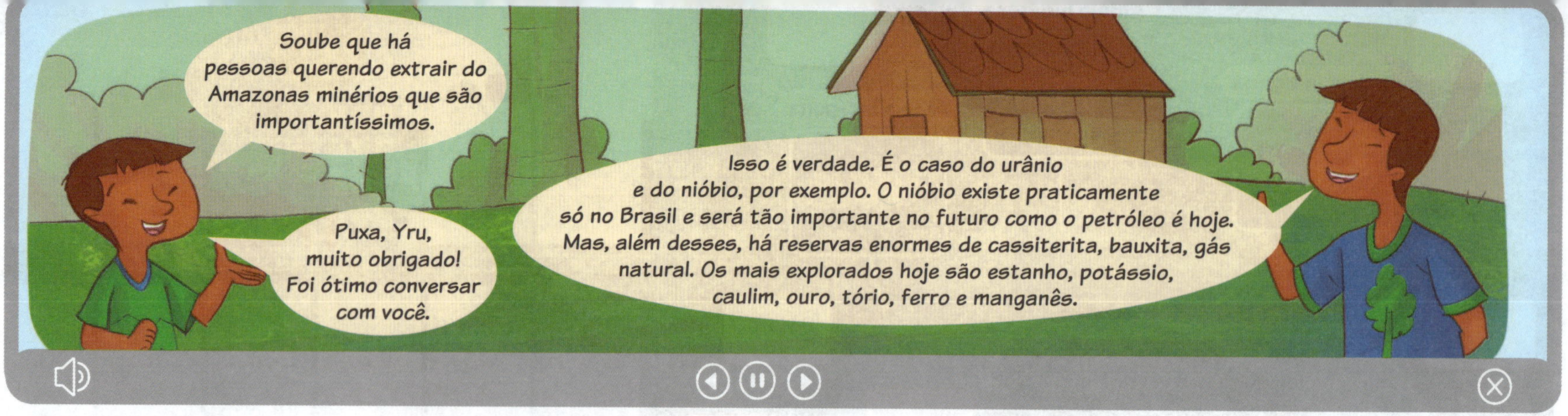


## Atividade 2 — Dois minérios estratégicos

> Junte-se a três colegas e pesquisem o urânio e o nióbio. Usem este roteiro para orientar o trabalho:

a. O que são esses minérios;

b. Para que servem;

c. Quais são o primeiro e o segundo produtores mundiais (dados em porcentagem);

d. Onde se localizam as jazidas;

e. Qual é o valor total estimado das jazidas.

f. Façam um cartaz ilustrado contendo todas as informações.

## Atividade 3 — A lenda do curupira

O **curupira** é um **ser** que faz parte do **lendário amazônico**. **Guardião** das **florestas** e dos **animais**, possui traços **indígenas**, cabelo de **fogo** e os pés **virados** para trás. Dizem que tem o dom de ficar **invisível**.

> Encontre no diagrama ao lado as palavras destacadas no texto.

| | | | | | | | | | | | | | | | | | | | | |
|---|---|---|---|---|---|---|---|---|---|---|---|---|---|---|---|---|---|---|---|---|
| B | U | T | A | N | I | M | A | I | S | X | C | E | S | E | R | U | H | T | L | O |
| A | M | A | Z | Ô | N | I | C | O | X | D | H | D | F | O | G | O | X | Ç | V | P |
| R | C | U | R | U | P | I | R | A | H | J | V | R | V | I | R | A | D | O | S | T |
| I | N | D | Í | G | E | N | A | S | R | M | Z | I | N | V | I | S | Í | V | E | L |
| J | H | L | E | N | D | Á | R | I | O | N | I | H | G | U | A | R | D | I | Ã | O |
| I | H | T | Y | N | F | L | O | R | E | S | T | A | S | B | G | I | R | E | S | V |

## PARA REFLETIR – ÉTICA NA PESQUISA

Leia a história a seguir.

Uma apresentação de dois cientistas, num Congresso Internacional, virou notícia mundial: na Amazônia, um rio subterrâneo foi descoberto a 4 000 m de profundidade. Ele teria 6 000 km de comprimento, de 200 km a 400 km de largura e um fluxo de águas maior do que o do rio São Francisco.

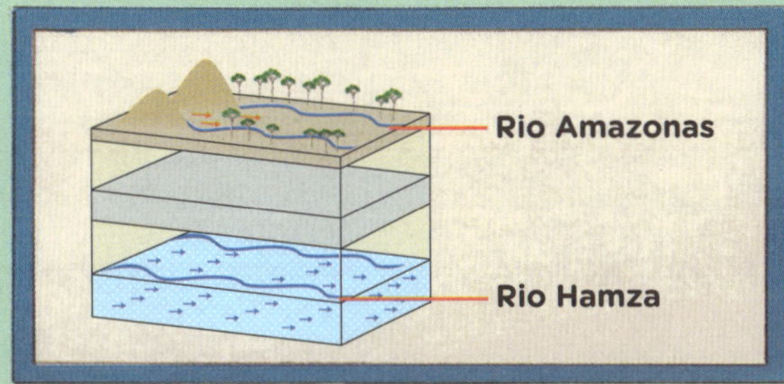


Vários cientistas reagiram a essa notícia: falaram em fraude, questionaram a forma como ela foi divulgada. Citaram que a divulgação de um resultado de pesquisa simplista prejudicava a divulgação da ciência e desinformava o público. Outras críticas se estenderam aos jornalistas que divulgaram a notícia de forma sensacionalista.

Converse com o professor e os colegas sobre estas questões:

- Um cientista precisa se preocupar com ética e honestidade ao realizar suas pesquisas e expor suas ideias e conclusões?
- Você acha que um jornalista deve divulgar o que descobre ou precisa verificar antes se a informação está correta?

## O QUE ESTUDAMOS

Responda no caderno:

- Pesquise o nome de alguns animais que vivem na Amazônia, além dos citados na página 33.
- Folheie todo o volume e identifique se há atividades que geraram dúvidas, que precisam ser corrigidas ou revisadas. Convide um colega para fazer isso com você.
- Você conhece algum projeto socioambiental na região onde mora? Se não, pesquise se há algum.
- O que você mais gostou de aprender neste volume? E o que foi mais difícil de compreender?

# BRINCANDO TAMBÉM SE APRENDE

**O torneio está quase terminando! Os participantes precisam resolver apenas mais algumas atividades. Vamos ajudá-los.**

1 Desembaralhe as letras em cada figura e, com as palavras formadas, complete uma frase da Educação Financeira.

______________________ e ______________________ são muito importantes

em uma ______________________.

2 Substitua cada imagem pela palavra correspondente e descubra o que está escrito na carta enigmática. Depois escreva a frase completa.

 - P + N

 - Z + VEMOS

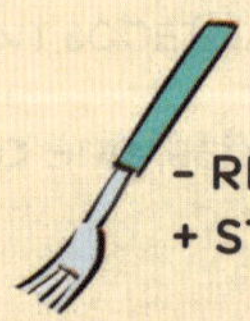 - RFO + STAR

 - ÇÃ + IS

 - CE

 - IJO

 - TO + NHAMOS

______________________________________________________________

**3** Consulte o livro e complete a cruzadinha ao lado.

**(1)** Nome do dinheiro brasileiro atual.

**(2)** Troca de produtos ou serviços.

**(3)** Empresa coletiva, criada e mantida por diversas pessoas.

**(4)** Nome da moeda que estava em circulação no Brasil em 1990.

**(5)** Árvore típica da Amazônia.

**(6)** Tabela com as despesas mensais da família.

**(7)** Aplicação financeira mais popular no Brasil.

**4** Procure e circule no diagrama abaixo as seguintes palavras:

NIÓBIO NEGOCIAÇÃO JUROS
INVESTIMENTO CRUZADO
SALDO COOPERAR

| | | | | | | | | | | | | | | | | | |
|---|---|---|---|---|---|---|---|---|---|---|---|---|---|---|---|---|---|
| X | B | T | F | U | O | V | A | O | P | R | C | R | U | Z | A | D | O |
| N | E | G | O | C | I | A | Ç | Ã | O | F | R | S | H | E | O | U | H |
| I | O | G | C | U | V | R | D | I | C | N | O | P | H | R | X | R | S |
| R | J | N | I | Ó | B | I | O | M | I | F | Z | C | F | D | S | H | R |
| E | U | Z | D | A | D | S | E | O | L | H | C | A | S | A | L | D | O |
| M | I | N | V | E | S | T | I | M | E | N | T | O | J | I | E | F | J |
| X | B | T | F | U | O | V | A | O | P | R | T | K | H | U | T | E | U |
| G | W | Y | K | T | X | B | T | F | U | O | V | A | O | P | R | I | R |
| E | J | F | C | O | O | P | E | R | A | R | V | A | O | P | R | R | O |
| X | B | T | F | U | O | V | A | O | P | R | T | T | U | A | R | O | S |

# ENCERRANDO O TORNEIO NACIONAL DE EDUCAÇÃO FINANCEIRA

Chegamos ao fim do Torneio Nacional de Educação Financeira! E deixamos para você a tarefa de escolher qual deve ser a escola vencedora: a de Joca, a de Duda, a de Ricardo, a de Luana ou a de Yerê? Veja se os colegas da turma concordam com você.

O mais importante mesmo foi tudo o que aprendemos ao longo dessa emocionante disputa. E quem ganhou o maior prêmio foi você, que conheceu vários assuntos de grande aplicação no dia a dia.

## CONVITE

Esta escola está convidada a participar da final do Torneio Nacional de Educação Financeira, que acontecerá nos estúdios de nossa emissora. A escola deverá produzir um vídeo, que será transmitido para todo o país.

Confirme a presença, aceitando o convite e assinando na linha abaixo.

☐ Sim, aceitamos.

____________________

TV

Jeff Stamer/Shutterstock

Maksym Bondarchuk/Shutterstock

Maksym Bondarchuk/Shutterstock

Stasiuk/Shutterstock

Volkova/Shutterstock

Anta: Vladimir Wrangel/Shutterstock; arara: Rada No/Shutterstock; bicho preguiça: Lukas Kovarik/Shutterstock; boto: COULANGES/Shutterstock; cobra: Jan Hejda/Shutterstock; peixe-boi: Jeff Stamer/Shutterstock; tamanduá: Ondrej Prosicky/Shutterstock; tartaruga: Charlotte Bleijenberg/Shutterstock; jaguar: Giedriius/Shutterstock; jacaré: Ondrej Prosicky/Shutterstock

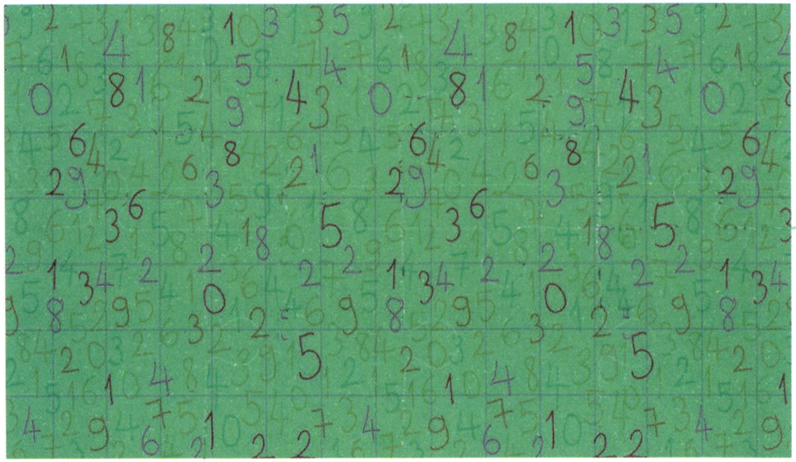